TRAITÉ
DES PARTICIPES

Par l'Abbé MALLET DUFRESNE,

CURÉ DE SAISSEVAL.

OUVRAGE DÉDIÉ A L'ACADÉMIE D'AMIENS,

Utile aux Instituteurs, aux Pères de Famille et aux Enfants.

Le Participe ne doit point s'accorder
avec son Régime.

PRIX : 20 c.

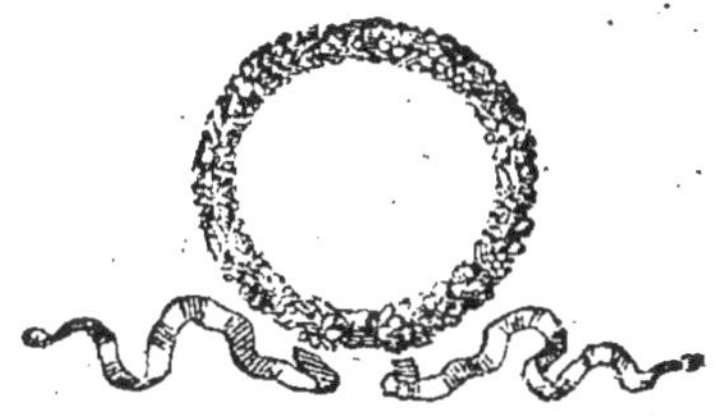

A PARIS,

Chez HACHETTE et Cie., rue Pierre-Sarrasin, 12.

A AMIENS,

CHEZ LES PRINCIPAUX LIBRAIRES.

1854.

[illegible]

TRAITÉ
DES PARTICIPES

Par l'Abbé **MALLET DUFRESNE**,

CURÉ DE SAISSEVAL.

OUVRAGE DÉDIÉ A L'ACADÉMIE D'AMIENS,

Utile aux Instituteurs, aux Pères de Famille et aux Enfants.

Le Participe ne doit point s'accorder
avec son Régime.

PRIX : 20 c.

A PARIS,

Chez HACHETTE ET Cie., rue Pierre-Sarrasin, 12.

A AMIENS,

CHEZ LES PRINCIPAUX LIBRAIRES.

1854.

PRÉFACE.

La langue française est une des plus belles langues qui existent. Elle est peut-être celle qui s'exprime avec le plus de précision : aussi est-elle la langue du monde civilisé. Cependant nous sommes étonné qu'on ait laissé subsister une règle aussi fausse que celle-ci : « *Le participe doit s'accorder avec son régime.* » Et cette autre : « *Quand le participe est précédé de son régime, vous le ferez accorder ; et quand il en est suivi, vous ne le ferez pas accorder.* » Et cela, sans considérer s'il est *actif* ou *passif*. Que peut-il sortir de tels principes, si ce n'est les disputes, les différentes opinions, les difficultés, les inconséquences et les absurdités que nous voyons ? Car, lisez une dizaine de grammaires différentes, et vous verrez que nous ne disons pas trop.

Nous osons proposer la rectification de cette partie essentielle de notre langue ; nous la soumettons à l'attention des hommes sérieux. — Voici notre principe :

Le participe exprime-t-il l'état ? **accord.**
Exprime-t-il l'action ? **point d'accord.**

DÉDICACE.

A l'Académie d'Amiens.
A l'Enfance.
Au bon Sens.
A la Postérité.

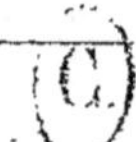

TRAITÉ
DES PARTICIPES.

DU PARTICIPE.

Le PARTICIPE est un mot qui tient et *participe* de la nature du verbe et de celle de l'adjectif, comme *aimant, aimé ;* il tient du verbe, lorsqu'il exprime l'action : *aimant Dieu, nous avons aimé Dieu ;* il tient de l'adjectif, quand il exprime la qualité , l'état : *les saints triomphants, la vertu sera récompensée,* alors il est appelé *participe adjectif.*

Il y a deux sortes de participes, le participe *présent* et le participe *passé.*

I. — DU PARTICIPE PRÉSENT.

Aimant, Finissant, Recevant, Rendant.

1ʳᵉ RÈGLE. Le participe *présent* marque une action transitoire, et il est invariable.

EXEMPLES :

Une femme *lisant,* des femmes *lisant.*
Les jeunes gens se forment l'esprit en *lisant* de bons livres.

2ᵉ RÈGLE. Lorsque le participe *présent* marque un état habituel, une qualité, il devient *adjectif verbal,* et il varie comme l'adjectif.

EXEMPLES :

Une femme *obligeante.*
Des tableaux *parlants.*

L'idée d'*actualité* caractérise le participe ; celle de *permanence* l'adjectif.

TABLEAU COMPARATIF.

PARTICIPES PRÉSENTS.	ADJECTIFS VERBAUX.
C'est une personne *obligeant* tout le monde.	C'est une personne *obligeante*.
Une nouvelle *affligeant* la famille.	Une nouvelle *affligeante* pour la famille.
De l'eau *bouillant* sur le feu.	De l'eau *bouillante*.
Des fruits *pendant* jusqu'à terre.	Cette affaire est *pendante* à la cour.

L'usage et le bon sens en apprendront assez sur ce sujet.

II. — DU PARTICIPE PASSÉ.

Aimé, Fini, Reçu, Rendu.

Le participe *passé*, participant de la nature du verbe et de celle de l'adjectif, est tantôt *verbe* ou *actif*, et tantôt *adjectif* ou *passif*.

Adjectif, il varie; *verbe*, il est invariable.

1°. PARTICIPE PASSÉ ADJECTIF.

RÈGLE. Le participe passé, sans auxiliaire, ou accompagné du verbe *être*, est adjectif, et il s'accorde en genre et en nombre avec le nom ou pronom qu'il qualifie.

EXEMPLES :

Une faute *punie*; des fautes *punies*.
Mes frères ont été *punis*, mes sœurs ont été *punies*.
Ils sont *tombés*, elles sont *tombées*.

REMARQUE. Il en est de même quand le participe est accompagné du verbe *avoir* signifiant *posséder*, ou de tout autre verbe.

EXEMPLES :

Je me sens *accablé*.
Je les croyais *partis*.
L'imagination reste *épouvantée*.
Les livres que j'ai là haut *rangés* dans ma bibliothèque.
La lettre que j'ai *écrite*, c'est-à-dire que je possède *écrite*.
La porte que j'ai ou possède ouverte, etc.

Mais, dit-on, nous ne voulons pas dire : *la lettre que je possède écrite*. Nous voulons exprimer l'action du verbe.—Alors écrivez : *la lettre que j'ai écrit*, etc.

2°. PARTICIPE PASSÉ **VERBE** OU **ACTIF**.

1re RÈGLE. Du sujet. Le participe passé, conjugué avec *avoir*, ne s'accorde pas avec son *sujet* (*).

EXEMPLES :

Mon père a *écrit*. — Ma mère a *écrit*.
Mes frères ont *écrit*. — Mes sœurs ont *écrit*.

2e RÈGLE. Le participe passé conjugué avec *être* mis pour *avoir*, comme dans les verbes pronominaux, ne s'accorde pas non plus avec son *sujet*.

EXEMPLES :

Plusieurs païens se sont *donné* la mort.
Elle s'est *nui*.

1re RÈGLE. Du régime. Le participe passé, dans les temps composés des verbes actifs et des verbes pronominaux, ne s'accorde pas avec *son régime* direct *qui le suit*.

EXEMPLES :

J'ai écrit une lettre.
Ils se sont fait des présents.

2e RÈGLE. Le participe passé, dans les temps composés des verbes actifs et des verbes pronominaux ne s'accorde pas non plus avec *son régime* direct *qui le précède*.

Parce que, s'il a un régime direct, il est verbe, s'il est verbe, il n'est pas adjectif, s'il n'est pas ajectif, il ne doit point s'accorder.

EXEMPLES :

La lettre que j'ai *écrit*, c.-à-dire que j'ai fait l'action d'écrire.
La porte que j'ai *ouvert* s'est *refermé*.
Qui m'a *fait* ton esclave et de qui suis-je née ? (CRÉBILLON.)
Sur ce portail j'aurais ces mots *écrit*. (LAFONTAINE.)
Tantôt à son aspect je l'ai *vu* s'émouvoir. (ATHALIE.)
Elle s'est *plaint*. C'est elle qu'on a *craint*. (VAUGELAS.)
Je ne puis te dire quelle peine tout cela m'a *fait*. (J. J. ROUSSEAU.)

(*) On appelle *sujet*, ce qui est ou ce qui fait la chose qu'exprime le verbe, on trouve le sujet en mettant *qui est-ce qui ?* devant le verbe : *ma sœur a écrit une lettre*. Qui est-ce qui a écrit ? réponse : *ma sœur*, *ma sœur* est le sujet du verbe *a écrit*.

On appelle *régime*, celui sur lequel tombe l'action du verbe ; on trouve le régime en mettant *qui ?* ou *quoi ?* après le verbe : *ma sœur a écrit quoi ?* une lettre, *lettre* est le régime.

*.

Combien d'ennemis n'a-t-il pas *vaincu?*
Quand la race de Caïn se fut *multiplié.*
La femme..., la romance que j'ai *entendu* chanter.
La maison que j'ai *cru* que vous aviez *acheté.*
Les peines, les sommes que cette entreprise a *coûté, valu.*
Les chaleurs qu'il a *fait,* que Dieu, les éléments ont *fait.*
Des pleurs, hélas ! j'en ai beaucoup *versé.*

Ainsi des participes passés suivis d'un infinitif, du participe entre deux *que,* des verbes intransitifs, réfléchis, impersonnels, des participes *fait, laissé, coûté, valu, pesé:* du participe précédé de *le peu, en,* etc.

De là cette RÈGLE GÉNÉRALE : Le participe soit présent, soit passé :

1°. *Varie* quand il est *participe adjectif,* qu'il marque *l'état* : Une femme *obligeante;* une pomme *gâtée;* ma sœur est *blessée,* elle est *tombée.*

2°. *Il est invariable* lorsqu'il est *participe verbe,* qu'il marque *l'action* : Des hommes *lisant;* j'ai *écrit* une lettre ; la lettre que j'ai *écrit;* elles se sont *estimé.*

En deux mots : *Exprimez-vous l'état?* accord; *Exprimez-vous l'action?* point d'accord.

REMARQUE. Il est facile de distinguer l'état de l'action, si l'on frappe ou si l'on est frappé. Le verbe passif marque *l'état,* le verbe actif marque *l'action.*

Par verbes actifs il faut entendre aussi les verbes neutres conjugués avec *avoir* et les verbes réfléchis.

OBSERVATION. Il est dans l'usage de dire : la lettre que j'ai *écrite;* sans décider de la valeur de cette expression impropre, même pour exprimer l'état, nous disons que pour exprimer *l'action* de la personne, il faut dire : la lettre que j'ai *écrit;* cette expression est plus correcte, plus logique et exprime l'idée; tandis que ces expressions : *la lettre que j'ai ou possède écrite, quelle peine cela m'a faite! elle s'est assise hier, ou elle se possède assise hier,* etc. 1° Sont ridicules; 2° elles n'expriment pas l'idée; 3° on ne sait par qui l'action est faite; 4° le temps n'est pas plus un passé qu'un présent; et 5° il y a des phrases qui n'ont pas le sens commun. Il n'y a que par licence poétique que l'on puisse user de cette expression incorrecte.

On a tort de faire une loi de l'orthographe d'aujourd'ui : qu'on laisse la liberté, et l'on suivra le bon sens.

Par notre méthode, notre langue conquiert la liberté de dire : *la lettre que j'ai écrit,* elle est simplifiée, perfectionnée.

DÉMONSTRATION.

(Voir aussi notre *Réforme des Participes*, pages 9 et suiv.)

Nous pourrions nous dispenser de prouver l'activité du participe passé dans nos verbes actifs. Certes l'autorité des Lhomond, de tous les Grammairiens pratiques, et de l'Académie, la prouve assez. Cependant nous allons démontrer 1° que nous avons en français un participe passé actif, bien entendu, lorsqu'il est joint à l'auxiliaire ; 2° que ce participe ne doit point s'accorder avec son régime.

CHAPITRE Ier.

§ 1. — De l'activité du Participe passé conjugué avec l'auxiliaire *avoir*.

Les participes que l'on appelle passifs ont-ils tous véritablement la signification passive?

Non, dit Restaut, p. 365, et on ne leur a donné cette dénomination commune que, parce que ceux qui ont la signification passive sont en plus grand nombre. Ils ont la signification passive quand ils sont seuls ou accompagnés du verbe *être*; mais ces mêmes participes cessent d'avoir la signification passive, lorsqu'ils forment, avec l'auxiliaire *avoir*, les temps composés des verbes actifs ou des verbes neutres, comme dans : *J'ai vaincu, j'ai agi*; ils sont déterminés à avoir une signification active par la jonction de l'auxiliaire *avoir*, en sorte que, *J'ai vaincu*, pourrait être regardé comme deux mots, ou comme un seul mot dont l'emploi est de signifier l'action du verbe au passé, comme ; *Je vaincrai*, la signifie au futur.

Il en est de même des verbes réfléchis: *Elle s'était promis l'éternité*, est un verbe actif, puisqu'il a un complément direct, *l'éternité*, dit B. Julien.

1°. Le verbe *être* est le seul verbe proprement dit ; on l'appelle verbe substantif, parce qu'il subsiste par lui-même, tous les autres sont dits attributifs, aussi se retrouve-t-il dans tous nos verbes.

Originairement on a dit : *Je suis ayant écrit* une

lettre, et on y a substitué *j'ai écrit* (*) , mais ici *j'ai* n'est pas, je suis ayant, quoi? écrite une lettre. C'est je suis, quoi? ayant écrit. C'est un composé de *je suis* marquant l'état du sujet, et de *ayant*, aidant à exprimer l'action du verbe; c'est un verbe *auxiliaire* dans toute la force du terme, ce n'est donc pas l'auxiliaire *avoir* qui est verbe principal, c'est le participe; pour preuve qu'*avoir* n'est pas verbe principal, c'est qu'on ne s'en sert pas dans les verbes réfléchis.

La lettre que j'ai écrit a la même signification ; la place n'y fait rien ; le participe exprime l'action, donc point d'accord.

Les grammairiens ajoutent *ayant* et non *étant* au participe passé de l'infinitif actif; c'est pour exprimer l'action ; ainsi, *ayant*, ou l'auxiliaire *avoir*, exprimé ou sous-entendu, est le signe d'activité du participe passé : Les enfants *ayant abandonné* la maison, est un participe passé actif, dit Bescherelle, *Grammaire Nationale*, p. 502.

Le participe passé est actif avec le verbe *avoir*, disent Dumarsais et Condillac, comme marquant l'action à titre du substantif dérivé d'un verbe, sous ce point de vue, il garde le régime direct de ce verbe, à l'exemple des substantifs latins, qui le gardaient avant le siècle d'Auguste.

M. Obry explique aussi, *il a fleuri* par *il a le fleuri*.

Duclos et Beauzée ont reconnu l'activité du participe passé comme ceux-là : seulement qu'ils le nom-

---

(*) C'est un phénomène bien remarquable, dit M. Obry, page 33, que le remplacement du verbe *être* par le verbe *avoir*, dans la série entière des temps composés de la voix active.

De même dans nos verbes pronominaux, originairement, d'après les auteurs de la *Grammaire Nationale*, le verbe *être* y était accompagné du participe présent *ayant*, qui faisait corps avec le participe passé, pour constituer celui-ci en état de participe passé composé *actif*; page 68. — Les Français auraient d'abord employé *être ayant* aux temps passés des verbes pronominaux, et des verbes intransitifs; ils y auraient ensuite laissé *être* tout seul par ellipse d'*ayant*, et finalement ils n'y appliqueraient *avoir* que comme substitut ou contraction d'*être ayant*; page 73.

maient improprement *supin*, tandis que ceux-là le nommaient *substantif*, que B. Julien le nomme *infinitif passé*, et que nous le nommons *participe passé actif ou verbe.*

2°. Les Grecs employaient par élégance le participe passé actif avec le verbe *avoir*, *poiésas eko* ou *eimi*, j'ai ayant fait, ou je suis ayant fait, par contraction, j'ai fait. Les latins disent aussi : *miratus*, ayant admiré.

3°. Le français est une langue didactique, précise, un mot y régit le suivant : *J'ai quoi?* écrit, *écrit quoi?* une lettre, *lettre,* régime direct de *écrit* ou de *ayant écrit*, et non pas : *J'ai quoi?* une lettre écrite ; l'action ou puissance du verbe *avoir* tombe sur l'acte d'*écrire une lettre*, et non sur l'état d'*une lettre écrite.*

Parce que le participe est passé, il n'est pas pour cela passif ; passé n'est pas identique de passif.

Comment les passivistes ne voient-ils pas, où ne veulent-ils pas voir l'activité du participe passé ? Parce que notre participe passé ne porte pas avec lui son signe d'activité, cette activité n'en existe pas moins.

M. Obry pense que l'action du verbe *avoir* ne peut tomber que sur un objet possédé ou un participe passif ; elle peut tomber également sur un participe actif ou un objet possédant ou agissant. (Voilà en quoi consiste l'erreur de M. Obry, et ce qui fait crouler son système.)

PROPOSITION. — **Le Participe passé est actif dans nos verbes actifs** (*).

Le nier c'est se mettre en contradiction 1°. avec la nature du participe, 2°. avec la grammaire ; 3°. avec l'Académie ; 4°. avec le sens commun ; 5°. avec notre volonté d'exprimer l'action.

1°. Le participe a nécessairement la même force

(*) Par verbes actifs, nous entendons aussi les verbes neutres conjugués avec *avoir*, et les verbes réfléchis, c'est-à-dire les verbes transitifs, intransitifs et réfléchis.

d'action que le verbe dont il dérive, puisqu'ils ont tous les deux la même nature.

2°. Les grammairiens pratiques, les rudimentaires en vogue admettent presque tous l'activité absolue du participe passé construit soit avec *avoir*, soit avec *être* dans nos conjugaisons à la voix active, nous citerons entre autres Lhomond, Letellier, Noël et Chapsal, Bonneau et Lucan, Guerrier de Haupt, MM. Bescherelle frères et Litais de Gaux, Poitevin, etc., etc. L'activité relative, a bien peu de partisans, et *sa passivité n'en a plus*, dit M. Obry, page 22. Voilà qui est significatif.

3°. *L'Académie*, dans son dictionnaire de 1776, dit que le participe passé acquiert une signification active, et même un régime, dans les temps où il entre soit du verbe actif, soit du verbe réciproque . *J'ai aimé la musique ; je me suis reproché mes fautes ;* et dans celui de 1844 : « Le participe tient de la na-» ture du verbe, il exprime l'attribut d'action, il est » quelquefois adjectif. »

4°. Quand je dis : *J'ai écrit une lettre*, je veux dire : *J'ai fait l'action d'écrire une lettre ;* or, j'ai écrit une lettre avec le participe actif signifie ce que je veux dire, tandis que je possède écrite une lettre ne le signifie pas; de même, *la lettre que j'ai écrit*, signifie ce que je veux dire, tandis que, *la lettre que j'ai écrite*, ne le signifie pas.

Notre passé indéfini n'aurait pas cette signification active qu'il faudrait la lui donner; cette activité n'existerait pas qu'il faudrait l'inventer.

Le participe, dit Vanier, uni à l'un des auxiliaires *avoir* ou *être* ne forme, pour ainsi dire, plus qu'un mot avec lui et exprime le passé du verbe qu'il conjugue, comme *j'ai aimé, j'ai lu*, correspondant aux temps simples des latins : *amavi, legi*. Dans ce sens, il n'est plus passif, il est actif, puisqu'il peint l'action du sujet. (acad.) C'est notre participe-verbe considéré ainsi depuis que l'auxiliarité s'est introduit chez nous ; ce qui a contribué, par la formation des temps composés, à enrichir notre conjugaison qui manquait de formes simples pour exprimer toutes les nuances d'antériorité : avant cela il était adjectif et variable comme en latin. Cette règle est toute française, elle est née du génie de notre langue. De sorte qu'aujourd'hui j'ai chargé des armes ne veut pas dire : *j'ai des armes chargées;* ou les armes que j'ai chargé : *les armes chargées que j'ai.*

M. Obry soutient que le participe passé est toujours passif; son erreur vient de ce qu'il compare le français avec le latin. Ces deux langues ne se ressemblent point sur tous les rapports ; le français n'est pas le latin, le français a des verbes auxiliaires, le latin n'en a point ; le français a un participe passé dans ses verbes actifs, le latin n'en a point ; le latin a des inversions que ne comporte pas le français : le latin *habeo scriptam epistolam* peut être transposé de six manières sans confusion, parce qu'il a des cas. On peut faire 40,320 permutations avec ce vers : *Tot tibi sunt dotes, virgo, quot sidera cœlo.* Il n'en est pas de même du français.

Les Anglais, qui ont une langue nouvelle, comme nous, disent aussi : *I have loved God,* cela ne signifie pas : *J'ai Dieu aimé,* mais : *J'ai aimé Dieu.* Ce qui n'est pas du tout la même chose. Il y a une grande différence entre ces deux expressions, tandis que c'est la même chose dans le latin. On ne peut donc comparer le français avec le latin.

De plus : *Les créatures ne se sont pas faites elles-mêmes,* n'a de sens qu'à la voix active, et n'a pas le sens commun à la voix passive.

En voilà assez et même trop.

Non. M. Obry, le participe passé dans nos temps composés n'est pas toujours passif, ôtez-vous cela de la tête. Bonneau et Lucan disent qu'avec l'auxiliaire *avoir,* il est toujours actif, *pas d'exception.* Vous-même vous le regardiez comme actif, ce n'est que pour expliquer l'accord que vous le dites passif. Lemare vous a induit en erreur (*) ; que ne suivez-

---

(*) Soumettez une phrase à Lemare, dit Bescherelle, gram. nat., p. 842, vite, il lui en substituera une autre toute différente, et s'imaginera par là l'avoir analysée. Les analyses de Lemare sont de véritables escamotages, et cependant Lemare est regardé comme le premier de nos grammairiens ; qu'on juge après cela de l'état de la science !

vous plutôt Restaut, du barreau comme vous, Régnier-Desmarais, académicien-secrétaire pendant quarante ans, l'Académie elle-même qui admet un participe passé actif. Vous vous mettez en opposition avec tous les grammairiens enseignés dans nos écoles, avec le sens commun, avec notre volonté d'exprimer l'activité.

Votre réforme est encore plus grande que la nôtre; la nôtre est une amélioration, la vôtre est une détérioration.

Considérez les avantages, la beauté, la simplicité, l'idée exprimée de l'activité, et le ridicule, l'absurdité, le galimatias, l'idée non exprimée de la passivité.

Non, M. Obry, nous rendons hommage à vos lumières, elles nous ont été utiles; mais permettez-nous de vous dire que vous avez fait fausse route; nous ne pouvons pas, en bonne conscience, le tout bien pesé, embrasser le passivisme. Votre livre est un sophisme continu, un habile plaidoyer d'une mauvaise cause.

§. II. — Des Verbes réfléchis.

Nos verbes réfléchis qui au premier coup-d'œil sembleraient être passifs, démontrent encore mieux que les autres verbes l'activité du participe passé.

Cette locution : *Elle s'est frappé*, est active, or l'activité ne vient point du verbe *être*, donc elle vient du participe *frappé*.

Je me suis imité, signifie : *Je suis ayant imité moi* (ou, sans changer de mot, *je suis imité moi*), *moi*, régime direct de *imité*, participe actif à l'instar des verbes déponents latins qui ont une signification active : *Sum imitatus meipsum.* C'est à tort que nous disons que le verbe *être* est mis pour *avoir*, il tient sa propre place sous entendu *ayant*. Nous appelons l'attention des savants sur ces principes.

CHAPITRE II.

§. I. — Le Participe passé ne doit point s'accorder avec son régime.

Ce serait une absurdité de faire accorder le participe passé avec son régime; lequel des deux serait alors régime ? Il y a même contradiction dans les mots. *Cette vérité* sera proclamée partout où l'on parle français. Autant vaudrait, dit Lemare, dire qu'Ulysse est père et fils de Télémaque, et que Télémaque est fils et père d'Ulysse.

§. II.

De ces trois phrases : *la lettre que j'ai perdu; la lettre qui a été perdue par moi; la lettre que j'ai* ou *possède perdue*, la première est la plus correcte, la seconde en est la traduction passive, la troisième n'est qu'une phrase bizarre, barbare, incorrecte et qui n'exprime pas l'idée. Et l'on voudrait nous forcer d'admettre celle-ci, et ce serait une faute de se servir de la première?... Non, il n'en sera pas ainsi, déjà plusieurs n'admettent plus cette règle-marot.

Pourquoi forcer de dire : La porte que j'ai *ouverte*, c'est-à-dire que *je possède ouverte*, et ajouter *par moi*, lorsque, *la porte que j'ai ouvert* signifie ce que l'on veut dire, c'est-à-dire *la porte que j'ai fait l'action d'ouvrir*; bien plus, pourquoi est-ce une faute de le dire, alors que l'on s'exprime correctement?

Naguère encore, les grammairiens faisaient le participe passé invariable, quand il était suivi de son sujet ou d'un adjectif, et ils disaient : La leçon que vous ont *donné* vos maîtres ; Adam et Ève que Dieu *créé* innocents, preuve de l'activité et de l'invariabilité du participe; les nouveaux grammairiens ont fait le participe variable, ils ont dit : *La leçon que vous possèdent donnée vos maîtres; Adam et Ève que Dieu possède créés innocents*, et ils déforment ainsi notre langue pour un misérable accord !

Les malheureux ! semblables à ces barbouilleurs qui passent l'éponge sur les chefs-d'œuvre de l'art ! bien plus, si vous les laissez faire, ils déclareront , et ils le doivent s'ils sont conséquents, ils déclareront ce participe, passif même quand le régime est après.

Instituteurs, vous êtes chargés de l'éducation de la jeunesse, jusques à quand ne lui montrerez-vous pas la vérité? Grammairiens, jusques à quand, esclaves de la routine et de Marot, nous forcerez-vous de dire : *Les créatures ne se sont point faites elles-mêmes, c'est le Seigneur qui les a faites?* (*) Véritable galimatias.

Mais, dites-vous, on ne nous permettra pas de suivre cette réforme, on nous comptera une faute.— Qui?... Nous portons le défi le plus solennel à ceux qui l'oseraient ; ce serait au contraire à nous à leur en compter une.

§. III. — Jugement de l'Académie.

L'Académie dit que « le participe tient de la nature
» du verbe, qu'il acquiert une signification active et
» même un régime... En conséquence, l'Académie
» n'empêche pas que le participe exprime l'action
» du sujet sur ce régime , et qu'on dise : Quelle
» peine cela m'a fait ! C'est elle qu'on a *craint*, elle
» s'est *plaint* (Vaugelas), j'ai *écrit* une lettre, et par
» conséquent je l'ai *écrit*, etc. »

§. IV. — De l'Ouvrage de M. Obry.

M. Obry vient aussi de faire paraître un travail sur ce sujet. Certes, si notre cause eût dû périr, elle eût péri sous une plume aussi savante : mais comment ce qui est vrai, simple et régulier ne survivrait-

---

(*) Oyez le raisonnement de Marot :

 « Enfants, oyez une leçon :
 » Notre langue a cette façon,
 » Que le terme qui va devant
 » Volontiers régit le suivant...
 » Il faut dire en termes parfaits,
 » Dieu en ce monde nous a *faits*,

Oyez-vous? c'est parce que le terme va devant! Ce qui n'est pas une raison. D'où il suivrait que dans : *Dieu a fait nous*, *fait* régirait *nous*, et dans : *Dieu nous a faits*, nous régirait *faits*. Cela est digne de Marot, qui n'a pas toujours observé sa règle.

il pas à ce qui est erroné? l'ouvrage de **M.** Obry est un véritable sophisme, que l'Académie y prenne garde. Il compare notre langue à la langue latine, et quoique celle-ci ait des participes passés, actifs, il ne veut pas que la nôtre en ait; c'est comme s'il disait que la langue espagnole, qui dérive du latin, et qui a un participe passé actif avec *haver*, n'en a pas non plus; il torture le sens pour faire partout le participe passif, il pense qu'il ne peut pas être actif, il cite beaucoup de textes des premiers siècles, où la langue n'était pas formée, et où le participe est pris soit passivement, soit activement avec accord; il faudrait aussi, comme Ménage fait, qu'il citât ceux où il est pris activement pour les comparer, et cela ne prouverait encore rien, puisqu'il avoue que maintenant presque tous les grammairiens, Lhomond en tête, le prennent activement, d'où il eût dû conclure comme nous : *Point d'accord*.

Enseigner que le participe passé est toujours passif, c'est déformer notre langue, et donner aux enfants une mauvaise idée du participe.

§. **V.** — De **M. B. Julien**.

M. B. Julien est moins conséquent que M. Obry : il admet un participe passé actif, qu'il appelle improprement infinitif passé, et il ne veut pas qu'on s'en serve quand le régime précède.

§. **VI.** — Résumé.

Ainsi il est évident : 1°. Que le participe passé ne doit point s'accorder avec son régime;

2°. Qu'il peut être pris activement sans accord, quand le régime précède;

3°. Qu'il vaut mieux le prendre activement sans accord, que passivement avec accord.

> En définitif, exprimez-vous l'état? accord.
> Exprimez-vous l'action? point d'accord.

TABLE.

AMIENS. — Typographie de CARON et LAMBERT.